ENGLISH
TRADITIONAL CHINESE

Topical Dictionary

With pinyin

transcription

By Jessy Gonzales

Table of Contents

MAIN CONCEPTS   基本概念   jī běn gài niàn

Pronouns   代詞   dài cí

I , me	我	Wǒ
you	你	Nǐ
he	我有	Wǒ yǒu
she	她	Tā
it		
we	我們	Wǒmen
you	你	nǐ
they	他們	tā men

Basic phrases 基本短語   jī běn duǎn yǔ

Hello!	你好	Nǐ hǎo
Good morning!	你好	Zǎoshang hǎo!
Good afternoon!	早安！	Xiàwǔ hǎo!
Good evening!	下午好！	Wǎnshàng hǎo!
to say hello	晚上好！	Dǎ gè zhāohū
Hi!	打個招呼	hāi!
greeting	嗨！	Wènhòu
to greet	問候	yíngjiē
How are you?	迎接	nǐ hǎo ma?

What's new?	你好嗎	Shénme shì xīn de?
Bye-Bye! Goodbye!	有什麼新消息？	Zàijiàn! Zàijiàn!
See you soon!	再見！再見！	Zàijiàn!
to say goodbye	待會見！	Shuō zàijiàn
Cheers!	說再見	gānbēi!
Thank you!	乾杯！	Xièxiè!
Thank you very much!	謝謝你	Fēicháng gǎnxiè nǐ!
My pleasure!	非常感謝！	Wǒ de róngxìng!
Don't mention it!	我的榮幸！	Bié shuōle!
Excuse me!	別說了！	Láojià!
to excuse	不好意思	Qǐng yuánliàng
to apologize	請原諒	dàoqiàn
My apologies	道歉	bàoqiàn
I'm sorry!	抱歉	duìbùqǐ!
It's okay!	對不起	Méiguānxì!
please	沒關係！	Qǐng
Don't forget!	拜託	bié wàngle!
Certainly!	別忘了！	Dāngrán!
Of course not!	當然可以！	Dāngrán bùshì!
Okay!	當然不是！	Hǎo de!
That's enough!	好吧	Gòule!

How to address a person

	夠了！	zhì liáo
mister, sir	治療	xiān sheng
madam	先生	tài tài

miss	太太	nǚ hái
young man	女孩	nián qīng rén
young man	年輕人	nán hái
miss	男孩	nǚ hái

Numbers from 0 to 100 女孩   shù zì cóng 0 dào 100

zero	數位從 0 到 100	Líng
one	零	Yīgè
two	一個	Liǎng gè
three	兩個	Sān
four	三	Sì
five	四	Wǔ
six	五	Liù
seven	六	Qī
eight	七	Bā
nine	八	Jiǔ
ten	九	shí
eleven	十	shí yī
twelve	十一	shí èr
thirteen	十二	shí sān
fourteen	十三	shí sì
fifteen	十四	shí wǔ
sixteen	十五	shí liù

seventeen	十六	shí qī
eighteen	十七	shí bā
nineteen	十八	shí jiǔ
twenty	十九	èr shí
twenty-one	二十	èr shí yī
twenty-two	二十一	èr shí èr
twenty-three	二十二	èr shí sān
thirty	二十三	sān shí
thirty-one	三十	sān shí yī
thirty-two	三十一	sān shí èr
thirty-three	三十二	sān shí sān
forty	三十三	sì shí
forty-one	四十	sì shí yī
forty-two	四十一	sì shí èr
forty-three	四十二	sì shí sān
fifty	四十三	wǔ shí
fifty-one	五十	wǔ shí yī
fifty-two	五十一	wǔ shí èr
fifty-three	五十二	wǔ shí sān
sixty	五十三	liù shí
sixty-one	六十	liù shí yī
sixty-two	六十一	liù shí èr
sixty-three	六十二	liù shí sān

seventy	六十三	qī shí
seventy-one	七十	qī shí yī
seventy-two	七十一	qī shí èr
seventy-three	七十二	qī shí sān
eighty	七十三	bā shí
eighty-one	八十	bā shí yī
eighty-two	八十一	bā shí èr
eighty-three	八十二	bā shí sān
ninety	八十三	jiǔ shí
ninety-one	九十	jiǔ shí yī
ninety-two	九十一	jiǔ shí èr
ninety-three	九十二	jiǔ shí sān

Numbers from 100 to milliard九十三 Shùzì cóng 100 dào háo

one hundred	數字從100到毫	yì bǎi
two hundred	一百	èr bǎi
three hundred	二百	sān bǎi
four hundred	三百	sì bǎi
five hundred	四百	wǔ bǎi
six hundred	五百	liù bǎi
seven hundred	六百	qī bǎi
eight hundred	七百	bā bǎi
nine hundred	八百	jiǔ bǎi
thousand	九百	qiān
two thousand	千	liǎng qiān

three thousand	**兩千**	sān qiān
ten thousand	**三千**	yí wàn
one hundred thousand	**一萬**	shí wàn
million	**十萬**	bǎi wàn
billion	**百萬**	yì

Ordinal Numbers 億

first		dì yī
second	**第一**	dì èr
third	**第二**	dì sān
fourth	**第三**	sì
fifth	**四**	wǔ
sixth	**五**	liù
seventh	**六**	qī
eighth	**七**	bā
ninth	**八**	jiǔ
tenth	**九**	shí

Fractions ＋ fēn shù

fraction	**分數**	fēn shù
one half	**分數**	yí bàn
one third	**一半**	sān fēn zhī yī
one quarter	**三分之一**	sì fēn zhī yī
one eighth	**四分之一**	bā fēn zhī yī
one tenth	**八分之一**	shí fēn zhī yī

two thirds	十分之一	sān fēn zhī èr
three quarters	三分之二	sì fēn zhī sān

Mathematical Operations
四分之三   *shù xué yùn suàn*

subtraction	數學運算	jiǎn fǎ
to subtract	減法	yǐ jiǎn qù
division	以減去	huà fēn
to divide	劃分	huà fēn
addition	劃分	chú le
to add up	除了	jiā qǐ lái
to add	加起來	yǐ tiān jiā
multiplication	以添加	chéng fǎ
to multiply	乘法	chéng fǎ

Words involved in calculations
乘法   *jì suàn zhōng shè jí de dān cí*

figure	計算中涉及的单词	tú
number	圖	shù liàng
numeral	數量	shù zì
minus	數位	jiǎn qù
plus	減去	jiā
formula	加	gōng shì
calculation	公式	jì suàn
to count	計算	jì shù
to compare	計數	bǐ jiào

How much?	比較	duō shǎo？
How many?	多少？	jǐ gè？
sum, total	幾個？	zǒng hé
result	總和	jié guǒ
remainder	結果	shèng yú
a few ...	剩餘	yì xiē。。。
few ...	一些。。。	jǐ gè。。。
the rest	幾個。。。	qí yú de
one and a half	其餘的	yí gè bàn
dozen	一個半	dǎ
in half	打	zài yí bàn
equally	在一半	tóng yàng
half	同樣	yí bàn
time	一半	shí jiān

Most important Verbs 時間

to run		yùn xíng
to be afraid	運行	hài pà
to take	害怕	cǎi qǔ
to be	採取	yào
to see	要	kàn
to own	看	yōng yǒu
to object	擁有	dào duì xiàng
to come in	到物件	jìn lái
to choose	進來	xuǎn zé

to go out	選擇	chū qù
to speak	出去	shuō huà
to cook	說話	zuò fàn
to give	做飯	gěi
to do	給	zuò
to trust	做	xìn rèn
to think	信任	rèn wéi
to complain	認為	bào yuàn
to wait	抱怨	děng dài
to forget	等待	wàng jì
to have breakfast	忘記	chī zǎo cān
to order	吃早餐	dìng gòu
to finish	訂購	wán chéng
to notice	完成	tōng zhī
to write down	通知	xiě xià lái
to defend	寫下來	hàn wèi
to call	捍衛	hū jiào
to know	呼叫	yào zhī dào
to know	要知道	yào zhī dào
to play	要知道	wán
to go	玩	qù
to excuse	去	jiè kǒu
to change	藉口	gēng gǎi

to study	更改	xué xí
to have	學習	yǒu
to be interested in ...	有	yǒu xìng qù ...
to inform	有興趣...	tōng zhī
to look for ...	通知	xún zhǎo ...
to control	尋找...	kòng zhì
to steal	控制	tōu
to shout	偷	dà hǎn dà jiào
to go for a swim	大喊大叫	qù yóu yǒng
to fly	去游泳	fēi
to catch	飛	bǔ zhuō
to break	捕捉	dǎ pò
to love	打破	qù ài
to pray	去愛	qí dǎo
to keep silent	祈禱	bǎo chí chén mò
can	保持沉默	kě yǐ
to observe	可以	guān chá
to hope	觀察	xī wàng
to punish	希望	chéng fá
to insist	懲罰	jiān chí
to find	堅持	zhǎo dào
to begin	找到	kāi shǐ
to underestimate	開始	dī gū
to fancy	低估	huā shào

to have lunch	花哨	chī wǔ fàn
to promise	吃午飯	chéng nuò
to deceive	承諾	qī piàn
to discuss	欺騙	tǎo lùn
to unite	討論	tuán jié
to explain	團結	lái jiě shì
to mean	來解釋	yì wèi zhe
to liberate	意味著	jiě fàng
to insult	解放	wǔ rǔ
to stop	侮辱	tíng zhǐ
to answer	停止	huí dá
to guess right	回答	cāi duì le
to refuse	猜對了	jù jué
to open	拒絕	dǎ kāi
to send	打開	fā sòng
to hunt	發送	shòu liè
to make a mistake	狩獵	fàn cuò wù
to fall	犯錯誤	zhuì luò
to translate	墜落	fān yì
to write	翻譯	xiě
to swim	寫	yóu yǒng
to cry	游泳	kū qì
to plan	哭泣	jì huà

to pay	計畫	zhī fù
to turn	支付	zhuǎn xiàng
to repeat	轉向	chóng fù
to sign	重複	qiān míng
to give a hint	簽名	gěi yí gè tí shì
to show	給一個提示	yǐ xiǎn shì
to help	以顯示	bāng zhù
to understand	說明	lǐ jiě
to expect	理解	qī dài
to propose	期待	jiàn yì
to prefer	建議	xǐ huan
to warn	喜歡	jǐng gào
to stop	警告	tíng zhǐ
to invite	停止	yāo qǐng
to arrive	邀請	dào dá
to order	到達	dìng gòu
to belong to ...	訂購	shǔ yú ...
to try	屬於...	cháng shì
to sell	嘗試	chū shòu
to continue	出售	jì xù
to pronounce	繼續	dào fā yīn
to miss	到 發音	cuò guò
to ask	錯過	wèn
to forgive	問	yuán liàng

to hide	原諒	yǐn cáng
to confuse, to mix up	隱藏	hùn xiáo，　hùn xiáo
to work	混淆，混淆	gōng zuò
to permit	工作	yǔn xǔ
to count on ...	允許	zhǐ wàng ...
to reserve, to book	指望...	yù dìng，　yù dìng
to recommend	預訂，預訂	tuī jiàn
to drop	推薦	diào luò
to scold	掉落	zé mà
to run, to manage	責罵	yùn xíng，　guǎn lǐ
to dig	運行，管理	wā
to sit down	挖	zuò xià lái
to say	坐下來	shuō
to follow ...	說	gēn suí ...
to hear	跟隨...	tīng dào
to laugh	聽到	xiào
to rent	笑	chū zū
to advise	出租	tí gòng jiàn yì
to agree	提供建議	tóng yì
to regret	同意	hòu huǐ
to create	後悔	yǐ chuàng jiàn
to doubt	以創建	huái yí
to keep	懷疑	bǎo chí
to save, to rescue	保持	qù jiù rén，　qù jiù rén

to ask	去救人，去救人	wèn
to come down	問	xià lái
to compare	下來	bǐ jiào
to cost	比較	chéng běn
to shoot	成本	pāi shè
to exist	拍攝	cún zài
to count	存在	jì shù
to hurry	計數	gǎn shí jiān
to demand	趕時間	xū qiú
to be needed	需求	xū yào
to touch	需要	chù mō
to kill	觸摸	shā sǐ
to threaten	殺死	wēi xié
to be surprised	威脅	jīng yà
to have dinner	驚訝	gòng jìn wǎn cān
to decorate	共進晚餐	zhuāng shì
to smile	裝飾	wēi xiào
to mention	微笑	tí dào
to participate	提到	cān jiā
to boast	參加	chuī xū
to want	吹噓	xiǎng yào
to be hungry	想要	è le
to be thirsty	餓了	kǒu kě
to read	口渴	yuè dú

| to joke | 閱讀 | kāi wán xiào |

Colors 開玩笑

colour		yán sè
shade	顏色	yīn yǐng
hue	陰影	sè diào
rainbow	色調	cǎi hóng
white	彩虹	bái sè
black	白色	hēi
grey	黑	huī sè
green	灰色	lǜ sè
yellow	綠色	huáng sè
red	黃色	hóng
blue	紅	lán sè
light blue	藍色	qiǎn lán sè
pink	淺藍色	fěn hóng sè
orange	粉紅色	chéng
violet	橙	zǐ
brown	紫	zōng sè
golden	棕色	jīn
silvery	金	yín sè
beige	銀色	mǐ sè
cream	米色	nǎi yóu
turquoise	奶油	lǜ sōng shí

cherry red	綠 松 石	yīng táo hóng
lilac	櫻桃紅	dīng xiāng
crimson	丁香	shēn hóng sè
light	深 紅色	guāng
dark	光	hēi àn
bright	黑暗	míng liàng
coloured	明亮	cǎi sè
colour	彩色	yán sè
black-and-white	顏色	hēi bái
plain	黑白	píng yuán
multicoloured	平原	duō sè

Most Popular Questions   多色   *zuì shòu huān yíng de wèn tí*

Questions	最受歡迎的問題	wèn tí
Who?	問題	shuí？
What?	誰？	shén me？
Where?	什麼？	zài nǎ li？
Where?	在哪裡？	zài nǎ li？
Where ... from?	在哪裡？	nǎ lǐ ...cóng？
When?	哪裡...從？	dāng？
Why?	當？	wèi shén me？
What for?	為什麼？	wèi shén me？
How?	為什麼？	rú hé？
Which?	如何？	nǎ gè？

To whom?	哪個？	gěi shuí？
About whom?	給誰？	guān yú shuí？
About what?	關於誰？	guān yú shén me？
With whom?	關於什麼？	hé shuí zài yì qǐ？
How many?	和誰在一起？	jǐ gè？
How much?	幾個？	duō shǎo？
Whose?	多少？	qí？

Prepositions　其？

with		yǔ
without	與	méi yǒu
to	沒有	zì
about	自	yuē
before	約	zhī qián
under	之前	xià
above	下	yǐ shàng
on	以上	shàng
from	上	cóng
of	從	de
in	的	zài
over	在	chāo guò

Basic Introductory Words and Adverbs　超過　jī běn jiè shào cí hé fù cí

Where?	基本介紹詞和副詞	zài nǎ li？
here	在哪裡？	zhè lǐ

there	這裡	yǒu
somewhere	有	dì fāng
nowhere	地方	wú chù
by	無處	yóu
by the window	由	kào chuāng
Where?	靠窗	zài nǎ li？
here	在哪裡？	zhè lǐ
there	這裡	yǒu
from here	有	cóng zhè lǐ
from there	從這裡	cóng nà lǐ
close	從那裡	guān bì
far	關閉	yuǎn
not far	遠	bù yuǎn
left	不遠	lí kāi
on the left	離開	zài zuǒ bian
to the left	在左邊	zuǒ cè
right	左側	duì
on the right	對	zài yòu bian
to the right	在右邊	yòu cè
in front	右側	zài qián mian
front	在前面	qián mian
ahead	前面	tí qián
behind	提前	bèi hòu
from behind	背後	cóng hòu miàn

back	從後面	fǎn huí
middle	返回	zhōng jiān
in the middle	中間	zài zhōng jiān
at the side	在中間	zài yì biān
everywhere	在一邊	dào chù
around	到處	zhōu wéi
from inside	周圍	cóng nèi bù
somewhere	從內部	dì fāng
straight	地方	zhí
back	直	fǎn huí
from anywhere	返回	cóng rèn hé dì fāng
from somewhere	從任何地方	cóng mǒu chù
firstly	從某處	shǒu xiān
secondly	首先	qí cì
thirdly	其次	dì sān
suddenly	第三	tū rán
at first	突然	qǐ chū
for the first time	起初	dì yī cì
long before ...	第一次	hěn jiǔ yǐ qián ...
for good	很久以前...	wéi hǎo
never	為好	cóng lái méi yǒu
again	從來 沒有	zài cì
now	再次	xiàn zài
often	現在	jīng cháng

then	經常	rán hòu
urgently	然後	pò qiè
usually	迫切	tōng cháng
by the way, ...	通常	shùn biàn yì tí 。。。
possible	順便一提。。。	kě néng
probably	可能	kě néng
maybe	可能	yě xǔ
besides ...	也許	chú le 。。。
that's why ...	除了。。。	suǒ yǐ 。。。
in spite of...	所以。。。	jǐn guǎn 。。。
thanks to ...	儘管。。。	duō kuī le ...
what	多虧了...	shén me
that	什麼	dōng xī
something	東西	rèn hé dōng xī , dōng xī
anything, something	任何東西，東西	shén me
nothing	什麼	shuí
who	誰	yǒu rén
someone	有人	yǒu rén
somebody	有人	méi
nobody	沒	wú chù
nowhere	無處	rèn hé rén
nobody's	任何人	bié rén
somebody's	別人	suǒ yǐ

so	所以	yě
also	也	tài
too	太	

Basic Introductory Words and Adverbs   *jī běn jiè shào cí hé fù cí*

Why?	基本介紹詞和副詞	wèi shén me？
for some reason	為什麼？	chū yú mǒu zhǒng yuán yīn
because ...	出於某種原因	yīn wéi 。。。
and	因為。。。	hé
or	和	huò
but	或	dàn
for	但	duì yú
too	對於	tài
only	太	zhǐ
exactly	只	wán quán
about	完全	yuē
approximately	約	dà yuē
approximate	大約	jìn sì
almost	近似	jī hū
the rest	幾乎	qí yú de
the other	其餘的	qí tā
other	其他	qí tā
each	其他	měi gè
any	每個	rèn hé

much	任何	duō
many	多	xǔ duō
many people	許多	hěn duō rén
all	很多人	suǒ yǒu
in exchange for…	所有	yǐ jiāo huàn …
in exchange	以交換…	jiāo huàn
by hand	交換	yòng shǒu
hardly	用手	jī hū
probably	幾乎	kě néng
on purpose	可能	gù yì
by accident	故意	yì wài
very	意外	fēi cháng
for example	非常	lì rú
between	例如	zhī jiān
among	之間	zài
so much	在	zhè me duō
especially	這麼多	tè bié shì

Days of the week 特別是

Monday		xīng qī yī
Tuesday	星期一	xīng qī èr
Wednesday	星期二	xīng qī sān
Thursday	星期三	xīng qī sì
Friday	星期四	xīng qī wǔ

Saturday	星期五	xīng qī liù
Sunday	星期六	xīng qī tiān
today	星期天	jīn tiān
tomorrow	今天	míng tiān
the day after tomorrow	明天	hòu tiān
yesterday	後天	zuó tiān
the day before yesterday	昨天	qián tiān
day	前天	yì tiān
working day	一天	gōng zuò rì
public holiday	工作日	gōng gòng jià rì
day off	公共假日	xiū xī rì
weekend	休息日	zhōu mò
all day long	週末	zhěng tiān
next day	整天	dì èr tiān
two days ago	第二天	liǎng tiān qián
the day before	兩天前	qián yì tiān
daily	前一天	rì cháng
every day	日常	měi tiān
week	每天	zhōu
last week	周	shàng gè xīng qī
next week	上個星期	xià gè xīng qī
weekly	下個 星期	měi zhōu
every week	每週	měi zhōu
twice a week	每週	měi zhōu liǎng cì

every Tuesday	每週兩次	měi zhōu èr

Times of Day　　每週二

morning		zǎo shang
in the morning	早上	zài shàng wǔ
noon, midday	在上午	zhōng wǔ，　zhōng wǔ
in the afternoon	中午，中午	zài xià wǔ
evening	在下午	wǎn shang
in the evening	晚上	zài wǎn shang
night	在晚上	wǎn shang
at night	晚上	zài wǎn shang
midnight	在晚上	wǔ yè
second	午夜	dì èr
minute	第二	fēn zhōng
hour	分鐘	xiǎo shí
half an hour	小時	bàn xiǎo shí
quarter of an hour	半小時	yí kè zhōng
fifteen minutes	一刻鐘	shí wǔ fēn zhōng
twenty four hours	十五分鐘	èr shí sì xiǎo shí
sunrise	二十四小時	rì chū
dawn	日出	lí míng
early morning	黎明	qīng chén
sunset	清晨	rì luò
early in the morning	日落	qīng chén
today in the morning	清晨	jīn tiān zǎo shang

tomorrow moning	今天早上	míng tiān méng níng
this afternoon	明天蒙甯	jīn tiān xià wǔ
in the afternoon	今天下午	zài xià wǔ
tomorrow afternoon	在下午	míng tiān xià wǔ
tonight	明天下午	jīn wǎn
tomorrow night	今晚	míng wǎn
at 3 o'clock sharp	明晚	zài 3 diǎn zhōng jiān ruì
about 4 o'clock	在3點鐘尖銳	dà yuē 4 diǎn zhōng
by 12 o'clock	大約4點鐘	dào 12 diǎn
in 20 minutes	到12點	20 fēn zhōng hòu
in an hour	20分鐘後	zài yì gè xiǎo shí
on time	在一個小時	zhǔn shí
a quaretr to…	準時	yí gè kuā kuā qí bù de …
withing an hour	一個誇誇其不的…	yòng yì gè xiǎo shí
every 15 minutes	用一個小時	měi 15 fēn zhōng
round the clock	每15分鐘	quán tiān hòu

Seasons 全天候 jì jié

January	季節	yī yuè
February	一月	èr yuè
March	二月	sān yuè
April	三月	sì yuè
May	四月	kě néng
June	可能	liù yuè

July	六月	qī yuè
August	七月	bā yuè
September	八月	jiǔ yuè
October	九月	shí yuè
November	十月	shí yí yuè
December	十一月	shí èr yuè
spring	十二月	chūn tiān
in spring	春天	zài chūn tiān
spring	在春天	chūn tiān
summer	春天	xià tiān
in summer	夏天	xià tiān
summer	夏天	xià tiān
autumn	夏天	qiū tiān
in autumn	秋天	qiū tiān
autumn	秋天	qiū tiān
winter	秋天	dōng tiān
in winter	冬天	zài dōng tiān
winter	在冬天	dōng tiān
month	冬天	yuè
this month	月	běn yuè
next month	本月	xià gè yuè
last month	下個月	shàng gè yuè
a month ago	上個月	yí gè yuè qián
in a month	一個月前	yí gè yuè nèi

in two months	一個月內	liǎng gè yuè hòu
a whole month	兩個月後	zhěng zhěng yí gè yuè
all month long	整整一個月	suǒ yǒu yuè cháng
monthly	所有月長	měi yuè
bi-monthly	每月	shuāng yuè
every month	雙月	měi yuè
twice a month	每月	měi yuè liǎng cì
year	每月兩次	nián
this year	年	jīn nián
next year	今年	míng nián
last year	明年	qù nián
a year ago	去年	yì nián qián
in a year	一年前	yì nián
in two years	一年	liǎng nián hòu
a whole year	兩年後	zhěng zhěng yì nián
all year long	整整一年	quán nián
every year	全年	měi nián
annual	每年	nián dù
annually	年度	měi nián
4 times a year	每年	yì nián 4 cì
date	一年4次	rì qī
date	日期	rì qī
calendar	日期	rì lì

half a year	日曆	bàn nián
six months	半年	liù gè yuè
season	六個月	sài jì
century	賽季	shì jì

Words about time　世紀　*guān yú shí jiān de cí yǔ*

time	關於時間的詞語	shí jiān
instant	時間	jí shí
instant	即時	jí shí
period	即時	shí qī
life	時期	shēng huó
eternity	生活	yǒng héng
epoch	永恆	shí dài
era	時代	shí dài
cycle	時代	zhōu qī
term , period	週期	qī xiàn ,　qī jiān
the future	期限，　期間	wèi lái
future	未來	wèi lái
next time	未來	xià cì
the past	下次	guò qù
past	過去	guò qù
last time	過去	shàng cì
later	上次	hòu
after	後	hòu
nowadays	後	xiàn zài

now	現在	xiàn zài
immediately	現在	lì jí
soon	立即	hěn kuài
in advance	很快	tí qián
a long time ago	提前	hěn jiǔ yǐ qián
recently	很久以前	zuì jìn
destiny	最近	mìng yùn
memories	命運	jì yì
archives	記憶	dàng àn
during ...	檔案	zài 。。。
long, a long time	在。。。	cháng， hěn cháng de

shí jiān

not long	長，很長的時間	bù zhǎng
early	不長	zǎo qī
late	早期	wǎn
forever	晚	yǒng yuǎn
to start	永遠	kāi shǐ
to postpone	開始	tuī chí
at the same time	推遲	tóng shí
permanently	同時	yǒng jiǔ
constant	永久	bú duàn
temporary	不斷	lín shí
sometimes	臨時	yǒu shí
rarely	有時	hěn shǎo

often	很少	jīng cháng
The main antonyms	經常	*zhǔ yào fǎn yì cí*
rich	**主要反義詞**	fēng fù
poor	豐富	kě lián
ill, sick	可憐	shēng bìng ，　shēng bìng
healthy	生病，生病	jiàn kāng
big	健康	dà
small	大	xiǎo
quickly	小	xùn sù
slowly	迅速	màn màn
fast	慢慢	kuài sù
slow	快速	màn
cheerful	慢	kāi lǎng
sad	開朗	shāng xīn
together	傷心	yì qǐ
separately	一起	fēn bié
aloud	分別	dà shēng
silently	大聲	mò mò
tall	默默	gāo
low	高	dī
deep	低	shēn
shallow	深	qiǎn
yes	淺	shì de

no	是的	bù
distant	不	yáo yuǎn
nearby	遙遠	fù jìn
far	附近	yuǎn
nearby	遠	fù jìn
long	附近	cháng
short	長	duǎn
good	短	hǎo
evil	好	xié è
married	邪惡	jié hūn
single	結婚	dān
to forbid	單	jìn zhǐ
to permit	禁止	yǔn xǔ
end	允許	jié shù
beginning	結束	kāi shǐ
left	開始	lí kāi
right	離開	duì
first	對	dì yī
last	第一	zuì hòu
crime	最後	fàn zuì
punishment	犯罪	chéng fá
to order	懲罰	dìng gòu
to obey	訂購	fú cóng
straight	服從	zhí

curved	直	wān qū
heaven	彎曲	tiān táng
hell	天堂	dì yù
to be born	地獄	chū shēng
to die	出生	qù sǐ
strong	去死	qiáng
weak	強	ruò
old	弱	lǎo
young	老	nián qīng
old	年輕	lǎo
new	老	xīn zēng gōng néng
hard	新增功能	nǔ lì
soft	努力	ruǎn
warm	軟	wēn nuǎn
cold	溫暖	lěng
fat	冷	zhī fáng
slim	脂肪	miáo tiáo
narrow	苗條	xiá zhǎi
wide	狹窄	kuān
good	寬	hǎo
bad	好	huài
brave	壞	yǒng gǎn
cowardly	勇敢	nuò ruò

square	幾何形狀	guǎng chǎng
square	廣場	guǎng chǎng
circle	廣場	quān
round	圈	lún
triangle	輪	sān jiǎo xíng
triangular	三角形	sān jiǎo xíng
oval	三角形	tuǒ yuán xíng
oval	橢圓形	tuǒ yuán xíng
rectangle	橢圓形	jǔ xíng
rectangular	矩形	jǔ xíng
pyramid	矩形	jīn zì tǎ
rhombus	金字塔	líng xíng
trapezium	菱形	tī xíng
cube	梯形	lì fāng tǐ
prism	立方體	léng jìng
circumference	棱鏡	zhōu cháng
sphere	周長	lǐng yù
globe	領域	quán qiú
diameter	全球	zhí jìng
radius	直徑	bàn jìng
perimeter	半徑	zhōu biān
centre	周邊	zhōng xīn

horizontal	中心	shuǐ píng
vertical	水準	chuí zhí
parallel	垂直	bìng xíng
parallel	並行	bìng xíng
line	並行	xiàn
stroke	線	zhòng fēng
straight line	中風	zhí xiàn
curve	直線	qū xiàn
thin	曲線	bó
contour	薄	lún kuò
intersection	輪廓	jiāo chā kǒu
right angle	交叉口	zhí jiǎo
segment	*直角*	duàn
sector	*段*	bù mén
side	*部門*	yì biān
angle	*一邊*	jiǎo dù

Measures *角度* héng liáng

weight	衡量	zhòng liàng
length	重量	cháng dù
width	長度	kuān dù
height	寬度	gāo dù
depth	高度	shēn dù
volume	深度	tǐ jī
area	體積	dì qū

gram	地區	kè
milligram	克	háo kè
kilogram	毫克	gōng jīn
ton	公斤	dūn
pound	噸	bàng
ounce	磅	àng sī
metre	盎司	mǐ
millimetre	米	háo mǐ
centimetre	毫米	lí mǐ
kilometre	釐米	gōng lǐ
mile	公里	yīng lǐ
inch	英里	yīng cùn
foot	英寸	jiǎo
yard	腳	yuàn zi lǐ
square metre	院子 裡	píng fāng mǐ
hectare	平方米	gōng qǐng
litre	公頃	shēng
degree	升	chéng dù
volt	程度	fú
ampere	伏	ān péi
horsepower	安培	mǎ lì
quantity	馬力	shù liàng
a little bit of ...	數量	yì diǎn diǎn ...

half	一點點...	yí bàn
dozen	一半	dǎ
piece	打	jiàn
size	件	dà xiǎo
scale	大小	guī mó
minimum	規模	zuì dī
the smallest	最低	zuì xiǎo
medium	最小	zhōng
maximum	中	zuì dà
the largest	最大	zuì dà de

Capacities 最大的 néng lì

jar	能力	Jar
tin	Jar	xī
bucket	錫	tǒng
barrel	桶	tǒng
basin	桶	pén dì
tank	盆地	tǎn kè
hip flask	坦克	tún bù shāo píng
jerry can	臀部燒瓶	jié lǐ kě yǐ
cistern	傑裡可以	chí
mug	池	bēi
cup	杯	bēi
saucer	杯	fēi dié
glass (tumbler)	飛碟	bō lí （gǔn tǒng）

glass	玻璃（滚筒）	bō lí
stew pot	玻璃	dùn guō
bottle	燉鍋	píng
neck	瓶	bó zi
carafe	脖子	shuǐ píng
jug	水瓶	hú
vessel	壺	róng qì
pot	容器	guō
vase	鍋	huā píng
bottle	花瓶	píng
vial, small bottle	瓶	xiǎo píng， xiǎo píng
tube	小瓶，小瓶	guǎn
sack (bag)	管	má dài （dài）
bag	麻袋（袋）	dài
packet	袋	bāo
box	包	xiāng
box	箱	xiāng
basket	箱	lán zi

Materials 籃子 *cái liào*

material	材料	cái liào
wood	材料	mù cái
wooden	木材	mù
glass	木	bō lí

glass	玻璃	bō lí
stone	玻璃	shí tou
stone	石頭	shí tou
plastic	石頭	sù liào
plastic	塑膠	sù liào
rubber	塑膠	xiàng jiāo
rubber	橡膠	xiàng jiāo
material, fabric	橡膠	cái liào 、 zhī wù
fabric	材料、織物	zhī wù
paper	織物	zhǐ
paper	紙	zhǐ
cardboard	紙	zhǐ bǎn
cardboard	紙板	zhǐ bǎn
polythene	紙板	jù yǐ xī
cellophane	聚乙烯	bō li zhǐ
linoleum	玻璃紙	yóu zhān
plywood	油氈	jiāo hé bǎn
porcelain	膠合板	cí
porcelain	瓷	cí
clay	瓷	nián tǔ
clay	粘土	nián tǔ
ceramics	粘土	táo cí
ceramic	陶瓷	táo cí

metal	金屬	jīn shǔ
metal	金屬	jīn shǔ
alloy	金屬	hé jīn
gold	合金	huáng jīn
gold, golden	黃金	huáng jīn,　huáng jīn
silver	黃金,　黃金	yín
silver	銀	yín
iron	銀	tiě
iron, made of iron	鐵	tiě,　tiě zhì chéng
steel	鐵,　鐵製成	gāng
steel	鋼	gāng
copper	鋼	tóng
copper	銅	tóng
aluminium	銅	lǚ
aluminium	鋁	lǚ
bronze	鋁	qīng tóng
bronze	青銅	qīng tóng
brass	青銅	huáng tóng
nickel	黃銅	niè
platinum	鎳	bó
mercury	鉑	gǒng
tin	汞	xī

lead	錫	dǎo zhì
zinc	導致	xīn
	鋅	

Human rén lèi

human being	人類	rén
man	人	rén
woman	人	nǚ rén
child	女人	hái zi
girl	孩子	nǚ hái
boy	女孩	nán hái
teenager	男孩	qīng shào nián
old man	青少年	lǎo rén
old woman	老人	lǎo fù rén

Anatomy 老婦人 jiě pōu

organism	解剖	shēng wù
heart	生物	xīn
blood	心	xuè
artery	血	dòng mài
vein	動脈	jìng mài
brain	靜脈	dà nǎo
nerve	大腦	shén jīng

nerves	神經	shén jīng
vertebra	神經	zhuī
spine	椎	jǐ zhù
stomach	脊柱	wèi
intestines	胃	cháng
intestine	腸	cháng
liver	腸	gān
kidney	肝	shèn
bone	腎	gǔ
skeleton	骨	gǔ jià
rib	骨架	lèi
skull	肋	tóu gǔ
muscle	頭骨	jī ròu
biceps	肌肉	èr tóu jī
triceps	二 頭 肌	sān tóu jī
tendon	三 頭 肌	jī jiàn
joint	肌腱	lián hé
lungs	聯合	fèi
genitals	肺	shēng zhí qì
skin	生殖器	pí fū

Head 皮膚 tóu

head	頭	tóu
face	頭	liǎn
nose	臉	bí zi

mouth	鼻子	zuǐ
eye	嘴	yǎn jīng
eyes	眼睛	yǎn jīng
pupil	眼睛	xué shēng
eyebrow	學生	méi
eyelash	眉	jié máo
eyelid	睫毛	yǎn jiǎn
tongue	眼瞼	shé tou
tooth	舌頭	chǐ
lips	齒	zuǐ chún
cheekbones	嘴唇	quán gǔ
gum	顴骨	jiāo
palate	膠	kǒu gǎn
nostrils	口感	bí kǒng
chin	鼻孔	xià ba
jaw	下巴	xià ba
cheek	下巴	liǎn jiá
forehead	臉頰	é tóu
temple	額頭	sì miào
ear	寺廟	ěr duo
back of the head	耳朵	hòu nǎo sháo
neck	後腦勺	bó zi
throat	脖子	hóu lóng

hair	喉嚨	tóu fà
hairstyle	頭髮	fà xíng
haircut	髮型	fà xíng
wig	髮型	jiǎ fà
moustache	假髮	hú zi
beard	鬍子	hú zi
to have	鬍子	yǒu
plait	有	biàn zi
sideboards	辮子	cè bǎn
red-haired	側板	hóng tóu fà
grey	紅頭髮	huī sè
bald	灰色	tū tóu
bald patch	禿頭	tū tóu bǔ ding
ponytail	禿頭補丁	mǎ wěi biàn
fringe	馬尾 辮	biān yuán

Body Parts 邊緣　chē shēn bù jiàn

hand	車身部件	shǒu
arm	手	shǒu bì
finger	手臂	shǒu zhǐ
thumb	手指	mǔ zhǐ
little finger	拇指	xiǎo shǒu zhǐ
nail	小手指	dīng
fist	釘	quán tou
palm	拳頭	zōng lǘ

wrist	棕櫚	shǒu wàn
forearm	手腕	qián bì
elbow	前臂	zhǒu
shoulder	肘	jiān bǎng
leg	肩膀	tuǐ
foot	腿	jiǎo
knee	腳	xī gài
calf	膝蓋	xiǎo tuǐ
hip	小腿	kuān guān jié
heel	髖關節	jiǎo gēn
body	腳跟	shēn tǐ
stomach	身體	wèi
chest	胃	xiōng bù
breast	胸部	rǔ fáng
flank	乳房	cè yì
back	側翼	fǎn huí
lower back	返回	xià bèi bù
waist	下背部	yāo
navel	腰	qí
buttocks	臍	tún bù
bottom	臀部	dǐ bù
beauty mark	底部	měi róng biāo zhì
tattoo	美容標誌	wén shēn

scar	紋身	bā hén

Clothes 疤痕

clothes	外套	yī fu
outer clothing	衣服	wài yī
winter clothing	外衣	dōng jì fú zhuāng
overcoat	冬季服裝	dà yī
fur coat	大衣	máo pí dà yī
fur jacket	毛皮大衣	máo pí jiā kè
down coat	毛皮夾克	yǔ róng fú
jacket	羽絨服	jiá kè
raincoat	夾克	yǔ yī
waterproof	雨衣	fáng shuǐ

Clothes 防水   yī fu

shirt	衣服	chèn shān
trousers	襯衫	kù zi
jeans	褲子	niú zǎi kù
jacket	牛仔褲	jiá kè
suit	夾克	shì hé
dress	適合	yī fu
skirt	衣服	qún zi
blouse	裙子	chèn shān

knitted jacket	襯衫	zhēn zhī jiá kè
jacket	針織夾克	jiá kè
T-shirt	夾克	T xù
shorts	T恤	duǎn kù
tracksuit	短褲	yùn dòng fú
bathrobe	運動服	yù yī
pyjamas	浴衣	shuì yī
sweater	睡衣	máo yī
pullover	毛衣	tào shān
waistcoat	套衫	bèi xīn
tailcoat	背心	wěi dà yī
dinner suit	尾大衣	wǎn cān tào zhuāng
uniform	晚餐套裝	jūn yún
work wear	均勻	gōng zuò mó sǔn
boiler suit	工作磨損	guō lú tào zhuāng
coat	鍋爐套裝	wài tào

Undergarments 外套　nèi yī

underwear	內衣	nèi yī
vest	內衣	bèi xīn
socks	背心	wà zi
nightgown	襪子	shuì yī
bra	睡衣	xiōng zhào
knee highs	胸罩	xī gài gāo

tights	膝蓋高	jǐn shēn yī
stockings	緊身 衣	sī wà
swimsuit, bikini	絲襪	yǒng zhuāng , bǐ jī ní

Hats 泳裝, 比基尼   mào zi

hat	帽子	mào zi
trilby hat	帽子	sān lún chē mào
baseball cap	三輪車帽	bàng qiú mào
flatcap	棒球帽	píng mào
beret	平帽	bèi léi mào
hood	貝雷 帽	zhào
panama	罩	bā ná mǎ
knitted hat	巴拿馬	zhēn zhī mào zi
headscarf	針織帽子	tóu jīn
women's hat	頭巾	nǚ shì mào zi
hard hat	女士帽子	ān quán mào
forage cap	安全帽	sì liào mào
helmet	飼料帽	tóu kuī
bowler	頭盔	yuán dǐng
top hat	圓頂	dǐng mào

Shoes   頂帽   xié

| footwear | 鞋 | xié |
| ankle boots | 鞋 | jiǎo huái xuē |

shoes	腳踝靴	xié
boots	鞋	xuē zi
slippers	靴子	tuō xié
trainers	拖鞋	jiào liàn
plimsolls, pumps	教練	báo bǎn , bèng
sandals	薄板，泵	liáng xié
cobbler	涼鞋	xié jiàng
heel	鞋匠	jiǎo gēn
pair	腳跟	shuāng
shoelace	雙	xié dài
to lace up	鞋帶	huā biān
shoehorn	花邊	shū huò ēn
shoe polish	舒霍恩	xié yóu

Tissue   鞋油   zǔ zhī

cotton	組織	mián huā
cotton	棉花	mián huā
flax	棉花	yà má
flax	亞麻	yà má
silk	亞麻	sī chóu
silk	絲綢	sī chóu
wool	絲綢	yáng máo
woollen	羊毛	yáng máo
velvet	羊毛	tiān é róng

suede	天鵝絨	jǐ pí
corduroy	麂皮	dēng xīn róng
nylon	燈芯絨	ní lóng
nylon	尼龍	ní lóng
polyester	尼龍	jù zhǐ
polyester	聚酯	jù zhǐ
leather	聚酯	pí gé
leather	*皮革*	pí gé
fur	*皮革*	máo pí
fur	*毛皮*	máo pí

Accessories *毛皮* pèi jiàn

gloves	*配件*	shǒu tào
mittens	手套	shǒu tào
scarf	手套	wéi jīn
glasses	圍巾	yǎn jìng
frame	眼鏡	kuàng jià
umbrella	框架	sǎn
walking stick	傘	shǒu zhàng
hairbrush	手杖	shū zi
fan	梳子	fēng shàn
tie	風扇	lǐng dài
bow tie	領帶	lǐng jié
braces	領結	kuò hào

handkerchief	括弧	shǒu pà
comb	手帕	shū
hair slide	梳	tóu fà huá dòng
hairpin	頭髮滑動	fà jiā
buckle	髮夾	kòu
belt	扣	dài
shoulder strap	帶	jiān dài
bag	肩帶	dài
handbag	袋	shǒu tí bāo
rucksack	手提包	

背包 yī fu

fashion	衣服	shí shàng
in vogue	時尚	shí shàng
fashion designer	時尚	shí zhuāng shè jì shī
collar	時裝設計師	yī lǐng
pocket	衣領	kǒu dai lǐ
pocket	口袋 裡!!!!!!	kǒu dai lǐ
sleeve	口袋 裡!!!!!!	tào
hanging loop	套	xuán guà huán
flies	懸掛環	cāng ying
zip	蒼蠅	Zip
fastener	Zip	jǐn gù jiàn
button	緊 固件	àn niǔ
buttonhole	按鈕	kòu yǎn

to come off	扣眼	tuō luò
to sew	脫落	féng rèn
to embroider	縫紉	cì xiù
embroidery	刺繡	cì xiù
sewing needle	刺繡	féng rèn zhēn
thread	縫紉針	xiàn chéng
seam	執行緒	méi céng
to get dirty	煤層	nòng zāng
stain	弄髒	rǎn sè
to crease, crumple	染色	zhé hén , suì xiè
to tear	折痕，碎屑	sī liè
clothes moth	撕裂	yī fu fēi chóng

Hygiene and cosmetics 衣服飛蟲 wèi shēng hé huà zhuāng pǐn

toothpaste	衛生和化妝品	yá gāo
toothbrush	牙膏	yá shuā
to clean one's teeth	牙刷	qīng jié yá chǐ
razor	清潔牙齒	tì dāo
shaving cream	剃刀	tì xū gāo
to shave	剃須膏	qù zuò
soap	去做	féi zào
shampoo	肥皂	xǐ fà shuǐ
scissors	洗髮水	jiǎn dāo
nail file	剪刀	zhǐ jia wén jiàn

nail clippers	指甲檔	zhǐ jia qián
tweezers	指甲鉗	niè zi
cosmetics	鑷子	huà zhuāng pǐn
face mask	化妝品	miàn zhào
manicure	面罩	xiū zhǐ jia
to have a manicure	修 指甲	xiū zhǐ jiǎ
pedicure	修指甲	xiū jiǎo
make-up bag	修腳	huà zhuāng dài
face powder	化妝袋	liǎn fěn
powder compact	臉粉	fěn mò jǐn còu
blusher	粉末緊湊	sāi hóng
perfume	腮紅	xiāng shuǐ
toilet water	香水	cè suǒ shuǐ
lotion	廁所水	huà zhuāng shuǐ
cologne	化妝水	kē lóng
eyeshadow	科隆	yǎn yǐng
eyeliner	眼影	yǎn xiàn
mascara	眼線	jié máo gāo
lipstick	睫毛 膏	kǒu hóng
nail polish	口紅	zhǐ jia yóu
hair spray	指甲油	fà jiāo
deodorant	髮膠	chú chòu jì
cream	除 臭 劑	nǎi yóu

face cream	奶油	miàn shuāng
hand cream	面霜	shǒu shuāng
anti-wrinkle cream	手霜	kàng zhòu shuāng
day cream	抗皺霜	rì shuāng
night cream	日霜	yè shuāng
tampon	夜霜	wèi shēng mián tiáo
toilet paper	衛生 棉 條	wèi shēng zhǐ
hair dryer	衛生紙	chuī fēng jī

Jewelry　吹風 機 zhū bǎo

jewellery	珠寶	zhū bǎo
precious	珠寶	zhēn guì
hallmark	珍貴	biāo zhì
ring	標誌	huán
wedding ring	環	jié hūn jiè zhi
bracelet	結婚戒指	shǒu zhuó
earrings	手鐲	ěr huán
necklace	耳環	xiàng liàn
crown	項鍊	guàn
bead necklace	冠	zhū zi xiàng liàn
diamond	珠子項鍊	zuàn shí
emerald	鑽石	fěi cuì
ruby	翡翠	hóng bǎo shí
sapphire	紅寶石	lán bǎo shí
pearl	藍寶石	zhēn zhū

amber	珍珠	hǔ pò

Watch   琥珀   shí zhōng

watch	時鐘	kàn
dial	看	bō hào
hand	撥號	shǒu
bracelet	手	shǒu zhuó
watch strap	手鐲	biǎo dài
battery	錶帶	diàn chí
to be flat	電池	píng
to change a battery	平	gèng huàn diàn chí
to run fast	更換電池	yùn xíng sù dù kuài
to run slow	運行速度快	yùn xíng huǎn màn
wall clock	運行緩慢	guà zhōng
hourglass	掛鐘	shā lòu
sundial	沙漏	rì guǐ
alarm clock	日晷	nào zhōng
watchmaker	鬧鐘	zhōng biǎo jiàng
to repair	鐘錶 匠	xiū lǐ

Food   修理

Food   shí pǐn

meat	食品	ròu

chicken	肉	jī
young chicken	雞	yòu jī
duck	幼雞	yā
goose	鴨	é
game	鵝	yóu xì
turkey	遊戲	tǔ ěr qí
pork	土耳其	zhū ròu
veal	豬肉	niú ròu
lamb	牛肉	gāo yáng
beef	羔羊	niú ròu
rabbit	牛肉	tù
sausage	兔	xiāng cháng
Vienna sausage	香腸	wéi yě nà xiāng cháng
bacon	維也納香腸	péi gēn
ham	培 根	huǒ tuǐ
gammon	火腿	jīn mén
pate	金門	jǐng bù
liver	頸部	gān
lard	肝	zhū yóu
mince	豬油	ròu
tongue	肉	shé tou
egg	舌頭	jī dàn
eggs	雞蛋	jī dàn
egg white	雞蛋	dàn qīng

egg yolk	蛋清	dàn huáng
fish	蛋黃	yú
seafood	魚	hǎi xiān
crustaceans	海鮮	jiǎ qiào dòng wù
caviar	甲殼動物	yú zǐ jiàng
crab	魚子醬	xiè
prawn	蟹	duì xiā
oyster	對蝦	mǔ lì
spiny lobster	牡蠣	jiān cì lóng xiā
octopus	尖刺龍蝦	zhāng yú
squid	章魚	yóu yú
sturgeon	魷魚	xún yú
salmon	鱘魚	guī yú
halibut	鮭魚	dà bǐ mù yú
cod	大 比目魚	Cod
mackerel	Cod	qīng yú
tuna	鯖 魚	jīn qiāng yú
eel	金槍魚	mán yú
trout	鰻魚	zūn yú
sardine	鱒魚	shā dīng yú
pike	沙丁魚	pài kè
herring	派 克	fēi yú
bread	緋魚	miàn bāo
cheese	麵包	nǎi lào

sugar	乳酪	táng
salt	糖	yán
rice	鹽	shuǐ dào
pasta	水稻	miàn shí
noodles	麵食	miàn tiáo
butter	麵條	huáng yóu
vegetable oil	黃油	zhí wù yóu
sunflower oil	植物油	kuí huā zǐ yóu
margarine	葵花籽油	rén zào huáng yóu
olives	人造 黃油	gǎn lǎn
olive oil	橄欖	gǎn lǎn yóu
milk	橄欖油	niú nǎi
condensed milk	牛奶	liàn rǔ
yogurt	煉乳	suān nǎi
sour cream	優酪乳	suān nǎi yóu
cream	優酪乳油	nǎi yóu
mayonnaise	奶油	dàn huáng jiàng
buttercream	蛋黃 醬	nǎi yóu
groats	奶油	fù gǔ gōu
flour	腹股溝	miàn fěn
tinned food	麵粉	guàn tou shí pǐn
cornflakes	罐頭食品	yù mǐ piàn
honey	玉米片	qīn ài de
jam	親愛的	guǒ jiàng

chewing gum	果醬	kǒu xiāng táng

Drinks 口香糖 yǐn liào

water	飲料	shuǐ
drinking water	水	yǐn yòng shuǐ
mineral water	飲用水	kuàng quán shuǐ
still	礦泉水	hái
carbonated	還	tàn suān
sparkling	碳酸	shǎn shǎn fā guāng
ice	閃閃 發光	bīng
with ice	冰	yǔ bīng
non-alcoholic	與冰	fēi jiǔ jīng
soft drink	非酒精	ruǎn yǐn liào
cool soft drink	軟飲料	qīng liáng ruǎn yǐn liào
lemonade	清涼軟飲料	níng méng shuǐ
spirits	檸檬 水	jīng shén
wine	精神	jiǔ
white wine	酒	bái pú táo jiǔ
red wine	白葡萄酒	hóng jiǔ
liqueur	紅酒	jiǔ
champagne	酒	xiāng bīn
vermouth	香檳	kǔ ài jiǔ
whisky	苦 艾 酒	wēi shì jì
vodka	威士卡	fú tè jiā
gin	伏特加	dù sōng zǐ jiǔ

cognac	杜松 子 酒	gàn yì
rum	幹 邑	lǎng mǔ jiǔ
coffee	朗姆 酒	kā fēi
black coffee	咖啡	hēi kā fēi
white coffee	黑咖啡	bái kā fēi
cappuccino	白咖啡	kǎ bù qí nuò
instant coffee	卡布奇諾	sù róng kā fēi
milk	即溶咖啡	niú nǎi
cocktail	牛奶	jī wěi jiǔ
milk shake	雞尾酒	nǎi xī
juice	奶昔	zhī
tomato juice	汁	fān qié zhī
orange juice	番茄汁	chéng zhī
freshly squeezed juice	橙汁	xīn xiān jǐ yā de guǒ zhī
beer	新鮮擠壓的果汁	pí jiǔ
lager	啤酒	pí jiǔ
Dark Beer	啤酒	Hēi píjiǔ
tea	黑啤酒	chá
black tea	茶	hóng chá
green tea	紅茶	lǜ chá

Vegetables 綠茶 *shū cài*

| vegetables | 蔬菜 | shū cài |
| greens | 蔬菜 | lǜ sè |

tomato	綠色	fān qié
cucumber	番茄	huáng guā
carrot	黃瓜	hú luó bo
potato	胡蘿蔔	mǎ líng shǔ
onion	馬鈴薯	yáng cōng
garlic	洋蔥	dà suàn
cabbage	大蒜	bái cài
cauliflower	白菜	huā yē cài
Brussels sprouts	花椰菜	gān lán
broccoli	甘藍	xī lán huā
beetroot	西 蘭花	tián cài gēn
aubergine	甜菜 根	qié zi
Zucchini	茄子	Xià nánguā
pumpkin	夏南瓜	nán guā
turnip	南瓜	luó bo
parsley	蘿蔔	ōu qín
dill	歐芹	shí luó
lettuce	蒔 蘿	shēng cài
celery	生菜	qín cài
asparagus	芹菜	lú sǔn
spinach	蘆筍	bō cài
pea	菠菜	wān dòu
beans	豌豆	dòu
maize	豆	yù mǐ

kidney bean	玉米	cài dòu
bell pepper	菜豆	tián jiāo
radish	甜椒	luó bo
artichoke	蘿蔔	cháo xiǎn jì

Fruits and Nuts   朝鮮 薊 shuǐ guǒ hé jiān guǒ

fruit	水果和堅果	shuǐ guǒ
apple	水果	píng guǒ
pear	蘋果	lí
lemon	梨	níng méng
orange	檸檬	chéng
strawberry	橙	cǎo méi
tangerine	草莓	jú zi
plum	橘子	méi huā
peach	梅花	táo
apricot	桃	xìng
raspberry	杏	shù méi
pineapple	樹 莓	bō luó
banana	鳳梨	xiāng jiāo
watermelon	香蕉	xī guā
grape	西瓜	pú táo
sour cherry	葡萄	suān yīng táo
sweet cherry	酸櫻桃	tián yīng táo
melon	甜櫻桃	guā
grapefruit	瓜	yòu zi

avocado	柚子	è lí
papaya	鱷梨	mù guā
mango	木瓜	máng guǒ
pomegranate	芒果	shí liu
redcurrant	石榴	hóng cù lì
blackcurrant	紅醋栗	hēi cù lì
gooseberry	黑醋栗	cù lì
bilberry	醋栗	bǐ ěr bèi lǐ
blackberry	比爾貝裡	hēi méi
raisin	黑莓	pú táo gān
fig	葡萄乾	tú
date	圖	rì qī
peanut	日期	huā shēng
almond	花生	xìng rén
walnut	杏仁	hé tao
hazelnut	核桃	zhēn zi
coconut	榛子	yē zi
pistachios	椰子	kāi xīn guǒ

Bread and Sweets 開心果 miàn bāo hé táng guǒ

confectionery	麵包和糖果	táng guǒ
bread	糖果	miàn bāo
biscuits	麵包	bǐng gān
chocolate	餅乾	qiǎo kè lì

chocolate	巧克力	qiǎo kè lì
sweet	巧克力	tián
cake	甜	dàn gāo
cake	蛋糕	dàn gāo
pie	蛋糕	pài
filling	派	tián chōng
jam	填充	guǒ jiàng
marmalade	果醬	guǒ jiàng
waffle	果醬	huá fū bǐng
ice-cream	華夫餅	bīng qí lín
pudding	霜淇淋	bù dīng

Courses 布丁　cài

course, dish	菜	dāng rán，　cài
cuisine	當然，菜	cài
recipe	菜	shí pǔ
portion	食譜	bù fen
salad	部分	shā lā
soup	沙拉	tāng
clear soup	湯	qīng tāng
sandwich	清湯	sān míng zhì
fried eggs	三明治	jiān dàn
cutlet	煎蛋	zhà
hamburger	炸	hàn bǎo
steak	漢堡	niú pái

roast meat	牛排	kǎo ròu
garnish	烤肉	zhuāng shì
spaghetti	裝飾	yì dà lì miàn
mash	義大利 面	láo
pizza	醪	bǐ sà bǐng
porridge	比薩餅	zhōu
omelette	粥	jiān dàn
boiled	煎 蛋	zhǔ
smoked	煮	xūn
fried	熏	zhà
dried	炸	gàn
frozen	幹	lěng dòng
pickled	冷凍	yān
sweet	醃	tián
salty	甜	xián
cold	咸	lěng
hot	冷	rè
bitter	熱	kǔ
tasty	苦	měi wèi
to cook	美味	zuò fàn
to cook	做飯	zuò fàn
to fry	做飯	yóu zhá
to heat up	油炸	jiā rè
to salt	加熱	yán

to pepper	鹽	dào hú jiāo
to grate	到胡椒	mó suì
peel	磨碎	pí
to peel	皮	qù bāo pí

salt	香料和调味料	yán
salty	鹽	xián
to salt	咸	yán
black pepper	鹽	hēi hú jiāo
red pepper	黑胡椒	hóng là jiāo
mustard	紅辣椒	jiè mo
horseradish	芥末	là gēn
condiment	辣 根	tiáo wèi pǐn
spice	調味品	xiāng liào
sauce	香料	jiàng
vinegar	醬	cù
anise	醋	bā jiǎo
basil	八角	luó lè
cloves	羅勒	dīng xiāng
ginger	丁香	jiāng
coriander	姜	xiāng cài
cinnamon	香菜	ròu guì
sesame	肉桂	zhī ma

bay leaf	芝麻	hǎi wān yè
paprika	海灣葉	là jiāo
caraway	辣椒	xiāng cài
saffron	香菜	cáng hóng huā

Words for eating 藏 紅花 *yǐn shí de cí*

food	**飲食的詞**	shí pǐn
to eat	食品	chī
breakfast	吃	zǎo cān
to have breakfast	早餐	chī zǎo cān
lunch	吃早餐	wǔ cān
to have lunch	午餐	chī wǔ fàn
dinner	吃午飯	wǎn cān
to have dinner	晚餐	gòng jìn wǎn cān
appetite	共進晚餐	shí yù
Enjoy your meal!	食欲	xiǎng shòu nín de yòng cān！
to open	享受您的用餐！	dǎ kāi
to spill	打開	yì chū
to spill out	溢出	yì chū
to boil	溢出	zhǔ fèi
to boil	煮沸	zhǔ fèi
boiled	煮沸	zhǔ
to cool	煮	lěng què
to cool down	冷卻	lěng què

taste, flavour	冷卻	wèi dào，wèi dào
aftertaste	味道，味道	huí wèi
to be on a diet	回味	jié shí
diet	節食	yǐn shí
vitamin	飲食	wéi shēng sù
calorie	維生素	rè liàng
vegetarian	熱量	sù shí
vegetarian	素食	sù shí
fats	素食	zhī fáng
proteins	脂肪	dàn bái zhì
carbohydrates	蛋白質	tàn shuǐ huà hé wù
slice	碳水化合物	piàn
piece	片	jiàn
crumb	件	fěn

粉　　*cān jù*

spoon	餐具	sháo zi
knife	勺子	dāo
fork	刀	chā tóu
cup	插頭	bēi
plate	杯	bǎn
saucer	板	fēi dié
serviette	飛碟	cān jīn
toothpick	餐巾	yá qiān

restaurant	餐廳	cān tīng
coffee bar	餐廳	kā fēi tīng
pub	咖啡廳	jiǔ bā
tearoom	酒吧	chá shì
waiter	茶室	fú wù yuán
waitress	服務員	fú wù yuán
barman	服務員	jiǔ bǎo
menu	酒保	cài dān
wine list	功能表	jiǔ dān
to book a table	酒單	yù dìng yì zhāng zhuō zi
course, dish	預訂一張桌子	cài
to order	菜	dìng dān （cài）
to make an order	訂單（菜）	xià dìng dān
aperitif	下訂單	ā pèi lǐ tè fū
starter	阿佩里特夫	xiǎo chī
dessert	小吃	tián diǎn
bill	甜點	zhàng hù
to pay the bill	帳戶	fù zhàng
to give change	付帳	gěi gǎi biàn
tip	給改變	tí shì

提示　*zhōu wéi*

Questionnaire　周圍　wèn juàn

name, first name	問卷	míng zì
family name	名字	xìng
date of birth	姓	chū shēng rì qī
place of birth	出生日期	chū shēng dì
nationality	出生地	guó jí
place of residence	國籍	zhù zhái
country	住宅	guó jiā
profession	國家	zhí yè
gender, sex	職業	xìng bié （ zhàng fū huò qī zi ）
height	性別（丈夫或妻子）	zēng zhǎng
weight	增長	zhòng liàng

Relatives　重量　qīn qi

mother	親戚	mǔ qīn
father	母親	fù qīn
son	父親	ér zi
daughter	兒子	nǚ ér
younger daughter	女兒	zuì xiǎo nǚ ér
younger son	最小女兒	xiǎo ér zi
eldest daughter	小兒子	dà nǚ ér

eldest son	大女兒	zhǎng zǐ
brother	長子	gē ge
sister	哥哥	mèi mèi
cousin	妹妹	biǎo dì
cousin	表弟	biǎo dì
mummy	表弟	mā mā
dad, daddy	媽媽	bà ba
parents	爸爸	fù mǔ
child	父母	hái zi
children	孩子	hái zi
grandmother	孩子	zǔ mǔ
grandfather	祖母	yé ye
grandson	爺爺	sūn zi
granddaughter	孫子	sūn nǚ
grandchildren	孫女	sūn zi
uncle	孫子	shū shū
aunt	叔叔	ā yí
nephew	阿姨	zhí zi
niece	侄子	zhí nǚ
mother-in-law	侄女	yuè mǔ
father-in-law	岳母	sī kuí kē ěr
son-in-law	斯奎科爾	ér zi
stepmother	兒子	jì mǔ
stepfather	繼母	jì fù

infant	繼父	yīng ér
baby	嬰兒	bǎo bèi
little boy	寶貝	bǎo bèi
wife	寶貝	qī zi
husband	妻子	zhàng fu
married	丈夫	jié hūn
married	結婚	jié hūn
single	結婚	liáng hǎo （léng èr）
bachelor	良好（棱二）	xué shì
divorced	學士	lí hūn
widow	離婚	guǎ fu
widower	寡婦	guān fū
relative	鰥夫	xiāng duì
close relative	相對	jìn qīn
distant relative	近親	yuǎn qīn
relatives	遠親	qīn qi
orphan	親戚	gū ér
guardian	孤兒	jiān hù rén
to adopt	監護人	cǎi yòng
to adopt	採用	cǎi yòng

friend	朋友和同事	yí gè péng you
friend, girlfriend	一個朋友	yí gè péng you
friendship	一個朋友	yǒu yì

to be friends	友誼	péng you
pal	朋友	huǒ ji
pal	夥計	péng you
partner	朋友	huǒ bàn
chief	夥伴	shǒu xí
boss, superior	首席	tóu
subordinate	頭	cóng shǔ （yuán wén）
colleague	從屬（原文）	tóng shì
acquaintance	同事	shú rén （yuán wén）
fellow traveller	熟人（原文）	chéng kè
classmate	乘客	tóng xué
neighbour	同學	lín jū
neighbour	鄰居	lín jū
neighbours	鄰居	lín jū

Words about people   鄰居   *guān yú rén de huà*

woman	關於人的話	nǚ rén
girl, young woman	女人	nǚ hái
bride, fiancee	女孩	xīn niáng
beautiful	新娘	měi lì
tall	美麗	gāo
slender	高	miáo tiáo
short	苗條	dī zēng zhǎng
blonde	低增長	jīn fà

brunette	金髮	hēi fà
ladies'	黑髮	nǚ shì men
virgin	女士 們	wéi zhēn
pregnant	維珍	huái yùn
man	懷孕	rén
blond haired man	人	jīn fà
dark haired man	金髮	hēi fà
tall	黑髮	gāo
short	高	dī zēng zhǎng
rude	低增長	cū cāo
stocky	粗糙	ǎi pàng
robust	矮胖	qiáng
strong	強	qiáng
strength	強	gōng lǜ （rén）
stout, fat	功率（人）	mǎn （hòu）
swarthy	滿（厚）	hēi yǒu yǒu
well-built	黑黝黝	xiān xì
elegant	纖細	yōu yǎ
Age	優雅	**nián líng**
age	年齡	nián líng
youth	年齡	qīng nián
young	青年	nián qīng
younger	年輕	xià
older	下	lǎo

young man	老	nán hái
guy, fellow	男孩	jiā huo
old man	傢伙	lǎo rén
old woman	老人	lǎo fù rén
adult	老婦人	chéng rén
middle-aged	成人	zhōng nián
elderly	中年	lǎo rén
old	老人	lǎo
to retire	老	tuì xiū
pensioner	退休	cháng fèng
Children	**長 俸**	**hái zi**
child	孩子	hái zi
children	孩子	hái zi
twins	孩子	shuāng bāo tāi
cradle	雙胞胎	yáo lán， yáo lán
rattle	搖籃，搖籃	bō làng gǔ
nappy	撥浪鼓	niào bù
dummy, comforter	尿布	ní pǔ ěr
pram	尼普爾	yīng ér chē （er tóng
nursery	嬰兒車（兒童）	yòu ér yuán
babysitter	幼稚園	bǎo mǔ
childhood	保姆	tóng nián
doll	童年	wá wá

toy	娃娃	wán jù
construction set	玩具	gòu zào hán shù （yóu xì）
well-bred	建構函式（遊戲）	yùn yù
ill-bred	孕育	bù lǐ mào
spoilt	不禮貌	bèi chǒng huài
to be naughty	被 寵壞	táo qì
mischievous	淘氣	hǎo wán
mischievousness	好玩	è zuò jù （xíng wéi）
mischievous child	惡作劇（行為）	wǎ ěr míng tè
obedient	瓦爾明特	tīng huà
disobedient	聽話	táo qì
docile	淘氣	cōng míng （tīng huà）
clever	聰明（聽話）	zhì néng （tiān fù）
child prodigy	智慧（天賦）	shén tóng

神童　hūn yīn shēng huó

婚姻生活　　zhè duì fū fùhūn yīn shēng huó

to kiss	這對夫婦婚姻生活	wěn
to kiss	吻	jiē wěn
family	接吻	jiā tíng
family	家庭	jiā tíng

couple	家庭	fū fù， fū fù
marriage	夫婦，夫婦	hūn yīn （jiā tíng shēng huó）
hearth	婚姻（家庭生活）	jiā
dynasty	家	dài
date	代	rì qī
kiss	日期	wěn
love	吻	ài
to love	愛	ài （I.)
beloved	愛 （I.)	ài rén
tenderness	愛人	róu qíng
tender	柔情	wēn róu
faithfulness	溫柔	zhōng chéng
faithful	忠誠	zhōng shí
	忠實	zhào gù zhè ge rén
	照顧這個人	guān xīn
newlyweds	關心	xīn hūn fū fù
honeymoon	新婚 夫婦	mì yuè
to get married	蜜月	jié hūn
to get married	結婚	jià gěi
wedding	嫁給	hūn lǐ
golden wedding	婚禮	jīn sè hūn lǐ
anniversary	金色婚禮	zhōu nián
lover	周年	qíng rén
mistress	情人	qíng fù

adultery	情婦	zuò bì
to commit adultery	作弊	gǎi biàn
jealous	改變	jí dù
to be jealous	嫉妒	jí dù
divorce	嫉妒	lí hūn
to divorce	離婚	lí hūn
to quarrel	離婚	zhēng chǎo
to be reconciled	爭吵	róng rěn
together	容忍	yì qǐ
sex	一起	xìng
happiness	性	xìng fú
happy	幸福	kuài lè
misfortune	快樂	bú xìng
unhappy	不幸	bēi cǎn

Feelings 悲慘 gǎn qíng

feeling	感情	gǎn jué
feelings	感覺	gǎn qíng
to feel	感情	gǎn jué
hunger	感覺	jī è
to be hungry	饑餓	è le
thirst	餓了	kǒu kě
to be thirsty	口渴	kǒu kě
sleepiness	口渴	shì shuì

to feel sleepy	嗜睡	gǎn dào kùn juàn
tiredness	感到困倦	pí láo
tired	疲勞	lèi
to get tired	累	lèi le
mood	累了	xīn qíng
boredom	心情	wú liáo
to be bored	無聊	wú liáo
seclusion	無聊	yǐn jū
to seclude oneself	隱居	yǐn jū zì jǐ
to worry	隱居自己	dān xīn
to be worried	擔心	dān xīn
anxiety	擔心	jiāo lǜ
preoccupied	焦慮	zhuān zhù
to be nervous	專注	jǐn zhāng
to panic	緊張	jīng huāng shī cuò
hope	驚慌失措	xī wàng
to hope	希望	xī wàng
certainty	希望	què dìng xìng
certain, sure	確定性	kěn dìng , kěn dìng
uncertainty	肯定，肯定	bù què dìng xìng
uncertain	不確定性	bù què dìng xìng
drunk	不確定性	zuì
sober	醉	qīng xǐng
weak	清醒	ruò

happy	弱	kuài lè
to scare	快樂	xià hu rén
rage	嚇唬人	fèn nù
depression	憤怒	yì yù zhèng
discomfort	抑鬱症	bú shì
comfort	不適	shū shì
to regret	舒適	hòu huǐ
regret	後悔	hòu huǐ
bad luck	後悔	yùn qì bù hǎo
sadness	運氣 不好	bēi shāng
shame	悲傷	chǐ rǔ
merriment	恥辱	huān lè
enthusiasm	歡樂	rè qíng
enthusiast	熱情	ài hào zhě
to show enthusiasm	愛好者	biǎo xiàn chū rè qíng

Personal Traits   表現出熱情   gè rén tè zhì

character	個人特質	zì fú
character flaw	字元	zì fú quē xiàn
mind	字元缺陷	jiè yì
reason	介意	yuán yīn
conscience	原因	liáng xīn
habit	良心	xí guàn
ability	習慣	néng lì

can	能力	kě yǐ
patient	可以	bìng rén
impatient	病人	bù nài fán
curious	不 耐煩	hào qí
curiosity	好奇	hào qí xīn
modesty	好奇心	qiān xū
modest	謙虛	qiān xū
immodest	謙虛	bù qiān xū
lazy	不謙虛	lǎn duò
lazy person	懶惰	lǎn duò de rén
cunning	懶惰的人	jiǎo huá
cunning	狡猾	jiǎo huá
distrust	狡猾	huái yí
distrustful	懷疑	bù xìn rèn
generosity	不信任	kāng kǎi
generous	慷慨	kāng kǎi
talented	慷慨	tiān cái
talent	天才	rén cái
courageous	人才	yǒng gǎn
courage	勇敢	yǒng qì
honest	勇氣	chéng shí
honesty	誠實	chéng shí
careful	誠實	xiǎo xīn
courageous	小心	yǒng gǎn

serious	勇敢	yán zhòng
strict	嚴重	yán gé
decisive	嚴格	jué dìng xìng
indecisive	決定性	yōu róu guǎ duàn
shy, timid	優柔寡斷	hài xiū， dǎn qiè
shyness, timidity	害羞，膽怯	hài xiū， dǎn qiè
confidence	害羞，膽怯	xìn xīn
to believe	信心	xiāng xìn
trusting, naive	相信	xìn rèn， tiān zhēn
sincerely	信任，天真	zhēn chéng
sincere	真誠	zhēn chéng
sincerity	真誠	chéng yì
calm	誠意	píng jìng
frank	平靜	fú lán kè
naive, naive	弗蘭克	tiān zhēn， tiān zhēn
absent-minded	天真，天真	xīn shén bù níng
funny	心神不寧	yǒu qù
greed	有趣	tān lán
greedy	貪婪	tān lán
evil	貪婪	xié è
stubborn	邪惡	gù zhí
unpleasant	固執	lìng rén bú kuài
selfish person	令人 不快	zì sī de rén
selfish	自私的人	zì sī

| coward | 自私 | nuò fū |
| cowardly | 懦夫 | nuò ruò |

Sleep 懦弱 shuì mián

to sleep	睡眠	shuì jiào
sleep, sleeping	睡覺	shuì jiào，shuì jiào
dream	睡覺，睡覺	mèng xiǎng
to dream	夢想	mèng xiǎng
sleepy	夢想	kùn
bed	困	chuáng
mattress	床	chuáng diàn
blanket	床墊	tǎn zi
pillow	毯子	zhěn tou
sheet	枕頭	biǎo
insomnia	表	shī mián
sleepless	失眠	wú mián
sleeping pill	無 眠	ān mián yào
to take a sleeping pill	安眠藥	fú yòng ān mián yào
to feel sleepy	服用安眠藥	gǎn dào kùn juàn
to yawn	感到困倦	dǎ hā qian
to go to bed	打哈欠	shàng chuáng shuì jiào
to make up the bed	上床睡覺	bǔ chuáng
to fall asleep	補床	rù shuì
nightmare	入睡	è mèng
snoring	噩夢	dǎ hān

to snore	打鼾	sī nuò
alarm clock	斯諾	nào zhōng
to wake	鬧鐘	xǐng lái
to wake up	醒來	xǐng lái
to get up	醒來	qǐ chuáng
to wash oneself	起床	xǐ zì jǐ
Laugh	洗自己	**xiào**
humour	笑	yōu mò
sense of humour	幽默	yōu mò gǎn
to have fun	幽默感	wán dé kāi xīn
cheerful	玩得開心	kāi lǎng
merriment, fun	開朗	huān lè， lè qù
smile	歡樂，樂趣	wēi xiào
to smile	微笑	wēi xiào
to start laughing	微笑	kāi shǐ xiào
to laugh	開始笑	xiào
laugh, laughter	笑	xiào， xiào
anecdote	笑，笑	yì shì
funny	軼事	yǒu qù
funny	有趣	yǒu qù
to joke, to be kidding	有趣	kāi wán xiào， kāi wán
xiào		
joke	開玩笑，開玩笑	xiào hua
joy	笑話	xǐ yuè

to rejoice	喜悅	huān xīn gǔ wǔ
glad	歡欣鼓舞	gāo xìng
Communication	高興	**tōng xìn**
communication	**通信**	tōng xìn
to communicate	通信	gōu tōng
conversation	溝通	tán huà
dialogue	談話	duì huà
discussion	對話	tǎo lùn
debate	討論	biàn lùn
to debate	辯論	biàn lùn
interlocutor	辯論	duì huà zhě
topic	對話者	zhǔ tí
point of view	主題	guān diǎn
opinion	觀點	yì jiàn
speech	意見	yǎn jiǎng
discussion	演講	tǎo lùn
to discuss	討論	tǎo lùn
talk	討論	shuō huà
to talk	說話	shuō huà
meeting	說話	huì yì
to meet	會議	jiàn miàn
proverb	見面	yàn yǔ
saying	諺語	shuō

riddle	謎語	mí yǔ
to ask a riddle	問一個謎語	wèn yí gè mí yǔ
password	密碼	mì mǎ
secret	秘密	mì mì
oath	誓言	shì yán
to swear	發誓	fā shì
promise	承諾	chéng nuò
to promise	承諾	chéng nuò
advice	建議	jiàn yì
to advise	提供建議	tí gòng jiàn yì
to follow one's advice	聽從建議	tīng cóng jiàn yì
news	新聞	xīn wén
sensation	感覺	gǎn jué
information	資訊	xìn xī
conclusion	結論	jié lùn
voice	聲音	shēng yīn
compliment	恭維	gōng wéi
kind	種類	zhǒng lèi
word	詞	cí
phrase	短語	duǎn yǔ
answer	回答	huí dá
truth	真理	zhēn lǐ
lie	謊言	huǎng yán
thought		yǐ wéi

| idea | 以為 | xiǎng fǎ |
| fantasy | 想法 | huàn xiǎng |

respected	說話	zūn zhòng
to respect	尊重	zūn zhòng
respect	尊重	zūn zhòng
Dear...	尊重	qīn ài de 。。。
to introduce	親愛的。。。	jiè shào
to make acquaintance	介紹	jié shí
intention	結識	yì tú
to intend	意圖	dǎ suàn
wish	打算	xī wàng
to wish	希望	xī wàng
surprise	希望	jīng xǐ
to surprise	驚喜	jīng xǐ
to be surprised	驚喜	jīng yà
to give	驚訝	gěi
to take	給	cǎi qǔ
to give back	採取	huí kuì
to return	回饋	fǎn huí
to apologize	返回	dào qiàn
apology	道歉	dào qiàn
to forgive	道歉	yuán liàng

to talk	原諒	shuō huà
to listen	說話	qīng tīng
to hear... out	傾聽	tīng dào ...chū
to understand	聽到...出	lǐ jiě
to show	理解	yǐ xiǎn shì
to look at ...	以顯示	lái kàn kan ...
to call	來看看...	hū jiào
to distract	呼叫	fēn sàn zhù yì lì
to disturb	分散注意力	dǎ rǎo
to pass	打擾	tōng guò
demand	通過	xū qiú
to request	需求	qǐng qiú
demand	請求	xū qiú
to demand	需求	xū qiú
to tease	需求	qǔ xiào
to mock	取笑	cháo xiào
mockery, derision	嘲笑	cháo nòng ,　cháo xiào
nickname	嘲弄，嘲笑	nì chēng
allusion	昵稱	diǎn gù
to allude	典故	àn shì
to imply	暗示	àn shì
description	暗示	miáo shù
to describe	描述	miáo shù

praise	描述	zàn měi
to praise	讚美	zàn měi
disappointment	讚美	shī wàng
to disappoint	失望	ràng rén shī wàng
to be disappointed	讓人失望	shī wàng
supposition	失望	jiǎ shè
to suppose	假設	jiǎ shè
warning, caution	假設	jǐng gào，jǐng gào
to warn	警告，警告	jǐng gào
to talk into	警告	jiāo tán chéng
to calm down	交談成	lěng jìng xià lái
silence	冷靜下來	chén mò
to keep silent	沉默	bǎo chí chén mò
to whisper	保持沉默	ěr yǔ
whisper	耳語	ěr yǔ
frankly	耳語	tǎn shuài dì shuō
in my opinion ...	坦率 地 說	zài wǒ kàn lái ...
detail	在我看來...	xiáng xì
detailed	詳細	xiáng xì
in detail	詳細	xiáng xì
hint, clue	詳細	tí shì，xiàn suǒ
to give a hint	提示，線索	gěi yí gè tí shì
look	給一個提示	kàn
to have a look	看	kàn kan

fixed	看看	gù dìng
to blink	固定	shǎn shuò
to wink	閃爍	zhǎ yǎn
to nod	眨眼	diǎn tóu
sigh	點頭	tàn xī
to sigh	歎息	tàn xī
to shudder	歎息	bù hán ér lì
gesture	不寒而慄	zī tài
to touch	姿態	chù mō
to seize	觸摸	zhuā zhù
to tap	抓住	diǎn jī
Look out!	點擊	xiǎo xīn！
Really?	小心！	zhēn？
Good luck!	真？	zhù nǐ hǎo yùn！
I see!	祝你好運！	míng bái le！
It's a pity!	明白了！	zhēn kě xī！

Agreement and Disagreement 真可惜！ xié yì hé fēn qí

consent	協定和分歧	tóng yì
to agree	同意	tóng yì
approval	同意	pī zhǔn
to approve	批准	pī zhǔn
refusal	批准	jù jué
to refuse	拒絕	jù jué

Great!	拒絕	wěi dà !
All right!	偉大！	hǎo ba !
Okay!	好吧！	hǎo !
forbidden	好！	jìn zhǐ
it's forbidden	禁止	zhè shì bèi jìn zhǐ de
incorrect	這是被禁止的	cuò wù
to reject	錯誤	jù jué
to support	拒絕	zhī chí
to accept	支援	jiē shòu
to confirm	接受	yǐ què rèn
confirmation	以確認	què rèn
permission	確認	xǔ kě
to permit	許可	yǔn xǔ
decision	允許	jué dìng
to say nothing	決定	shuō shén me
condition	*說什麼*	tiáo jiàn
excuse	條件	jiè kǒu
praise	藉口	zàn měi
to praise	讚美	zàn měi

Success and defeat 讚美 chéng gōng yǔ shī bài

success	成功與失敗	
successfully		chéng gōng
successful	成功	chéng gōng
good luck	成功	chéng gōng
Good luck!	成功	zhù nǐ hǎo yùn

lucky	祝你好運	zhù nǐ hǎo yùn！
lucky	祝你好運！	xìng yùn
failure	幸運	xìng yùn
misfortune	幸運	shī bài
bad luck	失敗	bú xìng
unsuccessful	不幸	yùn qì bù hǎo
catastrophe	運氣 不好	shī bài
pride	失敗	zāi nàn
proud	災難	jiāo ào
to be proud	驕傲	jiāo ào
winner	驕傲	gǎn dào zì háo
to win	感到自豪	yíng jiā
to lose	贏家	yíng dé
try	贏得	shī qù
to try	失去	cháng shì
chance	嘗試	cháng shì

嘗試 jī huì

shout	機會	hǎn
to shout	喊	dà hǎn dà jiào
to start to cry out	大喊大叫	kāi shǐ kū chū lái
quarrel	開始哭出來	zhēng chǎo
to quarrel	爭吵	zhēng chǎo
fight	爭吵	zhàn dòu
to have a fight	戰鬥	dǎ jià
conflict	打架	chōng tū

misunderstanding	衝突	wù jiě
insult	誤解	wǔ rǔ
to insult	侮辱	wǔ rǔ
insulted	侮辱	wǔ rǔ
offence	侮辱	zuì xíng
to offend	罪行	mào fàn
to take offence	冒犯	cǎi qǔ fàn zuì
indignation	採取犯罪	fèn kǎi
to be indignant	憤慨	fèn nù
complaint	憤怒	tóu sù
to complain	投訴	bào yuàn
apology	抱怨	dào qiàn
to apologize	道歉	dào qiàn
to beg pardon	道歉	qǐ qiú shè miǎn
criticism	乞求赦免	pī píng
to criticize	批評	pī píng
accusation	批評	zhǐ kòng
to accuse	指控	zhǐ zé
revenge	指責	fù chóu
to avenge	*復仇*	fù chóu
to pay back	復仇	cháng huán
disdain	償還	bú xiè
to despise	不屑	bǐ shì
hatred, hate	鄙視	chóu hèn , chóu hèn
to hate	仇恨，仇恨	hèn
nervous	恨	jǐn zhāng

to be nervous	緊張	jǐn zhāng
angry	緊張	shēng qì
to make angry	生氣	shēng qì
to scold???	生氣	zé mà ???
humiliation	責罵???	qū rǔ
to humiliate	屈辱	xiū rǔ
to humiliate oneself	羞辱	xiū rǔ zì jǐ
shock	羞辱自己	xiū kè
to shock	休克	chōng jī
trouble	衝擊	má fan
unpleasant	麻煩	lìng rén bú kuài
fear	令人 不快	kǒng jù
terrible	恐懼	kě pà
scary	可怕	kě pà
horror	可怕	kǒng bù
awful	恐怖	kě pà
to begin to tremble	可怕	kāi shǐ chàn dǒu
to cry	開始顫抖	kū qì
to start crying	哭泣	kāi shǐ kū qì
tear	開始哭泣	sī liè
fault	撕裂	gù zhàng
guilt	故障	nèi jiù
dishonour	內疚	chǐ rǔ
protest	恥辱	kàng yì
stress	抗議	yìng lì
to disturb	應力	dǎ rǎo

to be furious	打擾	fèn nù
angry	憤怒	shēng qì
to end	生氣	jié shù
to be scared	結束	hài pà
to hit	害怕	jī zhòng
to fight	擊中	zhàn dòu
to settle	戰鬥	jiě jué
discontented	解決	bù mǎn
furious	不滿	fèn nù
It's not good!	憤怒	bù hǎo !
It's bad!	不好 !	tài zāo gāo le !

Medicine 太糟糕了！ yī xué

Illness 醫學 jí bìng

illness	疾病	jí bìng
to be ill	疾病	shēng bìng
health	生病	jiàn kāng
runny nose	健康	liú bí tì
tonsillitis	流 鼻涕	biǎn táo tǐ yán
cold	扁桃體 炎	lěng
to catch a cold	冷	gǎn mào
bronchitis	感冒	zhī qì guǎn yán
pneumonia	支 氣管炎	fèi yán
flu	肺炎	liú gǎn

short-sighted	流感	jìn shì
long-sighted	近視	cháng shì
squint	長視	xié shì
squint-eyed	斜視	xié shì yǎn
cataract	斜視眼	bái nèi zhàng
glaucoma	白內障	qīng guāng yǎn
stroke	青光眼	zhòng fēng
heart attack	中風	xīn zàng bìng
myocardial infarction	心臟病	xīn jī gěng sǐ
paralysis	心肌梗死	tān huàn
to paralyse	癱瘓	tān huàn
allergy	癱瘓	guò mǐn
asthma	過敏	xiào chuǎn
diabetes	哮喘	táng niào bìng
toothache	*糖尿病*	yá tòng
caries	牙痛	qǔ
diarrhoea	*齲*	fù xiè
constipation	腹瀉	biàn mì
stomach upset	便秘	wèi bù bú shì
food poisoning	胃部不適	shí wù zhòng dú
to poison oneself	*食物中毒*	dú hài zì jǐ
arthritis	毒害自己	guān jié yán
rickets	關節炎	gōu lóu bìng
rheumatism	佝僂病	fēng shī
atherosclerosis	風濕	dòng mài zhōu yàng

yìng huà

| gastritis | 動脈粥樣硬化 | wèi yán |

appendicitis	胃炎	lán wěi yán
cholecystitis	闌尾炎	dǎn náng yán
ulcer	膽囊炎	kuì yáng
measles	潰瘍	má zhěn
German measles	麻疹	dé guó má zhěn
jaundice	德國麻疹	huáng dǎn
hepatitis	黃疸	gān yán
schizophrenia	肝炎	jīng shén fēn liè zhèng
rabies	精神分裂症	kuáng quǎn bìng
neurosis	狂犬病	shén jīng guān néng
concussion	神經官能症	nǎo zhèn dàng
cancer	腦震盪	ái zhèng
sclerosis	癌症	yìng huà
multiple sclerosis	硬化	duō fā xìng yìng huà
alcoholism	多發性硬化症	jiǔ jīng zhòng dú
alcoholic	酒精 中毒	jiǔ jīng
syphilis	酒精	méi dú
AIDS	梅毒	ài zī bìng
tumour	愛滋病	zhǒng liú
fever	腫瘤	fā shāo
malaria	發燒	nuè jí
gangrene	瘧疾	huài jū
seasickness	壞疽	yūn chuán
epilepsy	暈船	diān xián
epidemic	癲癇	liú xíng

zhèng

zhèng

typhus	流行	bān zhěn shāng hán
tuberculosis	斑 疹 傷寒	jié hé
cholera	結核	huò luàn
plague	霍亂	wēn yì

symptom	症狀和治療	zhèng zhuàng
temperature	症狀	wēn dù
fever	溫度	fā shāo
pulse	發燒	mài chōng
giddiness	脈衝	xuàn yūn
hot	眩暈	rè
shivering	熱	fā dǒu
pale	發抖	cāng bái
cough	蒼白	ké sou
to cough	咳嗽	ké sou
to sneeze	咳嗽	dǎ pēn ti
faint	打噴嚏	wēi ruò
to faint	微弱	yūn dǎo
bruise	暈倒	yū shāng
bump	瘀 傷	zhuàng
to bruise oneself	撞	shāng hén zì jǐ
bruise	傷痕自己	yū shāng
to get bruised	瘀 傷	shòu shāng
to limp	受傷	bǒ xíng
dislocation	跛行	tuō wèi

to dislocate	脱位	qù sàn
fracture	去散	gǔ zhé
to have a fracture	骨折	gǔ zhé
cut	骨折	xuē jiǎn
to cut oneself	削减	xuē jiǎn zì jǐ
bleeding	削减自己	chū xiě
burn	出血	shāo shāng
to burn oneself	烧伤	rán shāo zì jǐ
to prickle	燃烧自己	cì
to prickle oneself	刺	cì shāng zì jǐ
to injure	刺伤自己	shāng hài
injury	*伤害*	sǔn shāng
wound	损伤	shāng kǒu
trauma	伤口	chuāng shāng
to be delirious	創傷	shì fēng kuáng de
to stutter	是瘋狂的	kǒu chī
sunstroke	口吃	zhòng shǔ
pain	中暑	tòng kǔ
splinter	痛苦	fēn liè
sweat	分裂	hàn shuǐ
to sweat	汗水	chū hàn
vomiting	出汗	ǒu tù
convulsions	嘔吐	chōu chù
pregnant	抽搐	huái yùn
to be born	懷孕	chū shēng
delivery, labour	出生	jiāo fù，láo dòng lì

to labour	交付，工作力	láo dòng
abortion	勞動	liú chǎn
respiration	流產	hū xī
inhalation	呼吸	xī rù
exhalation	吸入	hū qì
to breathe out	呼 氣	hū chū
to breathe in	呼出	hū xī
disabled person	呼吸	cán jí rén
cripple	殘疾人	xuē ruò
drug addict	削弱	yǐn jūn zǐ
deaf	癮君子	lóng
dumb	聾	yǎ
deaf-and-dumb	啞	lóng yǎ
mad, insane	聾啞	fēng kuáng， fēng kuáng
madman	瘋狂，瘋狂	fēng zi
madwoman	瘋子	fēng nǚ rén
to go insane	瘋女人	qù fēng kuáng
gene	去瘋狂	jī yīn
immunity	基因	miǎn yì
hereditary	免疫	yí chuán
congenital	遺傳	xiān tiān xìng
virus	先天性	bìng dú
microbe	病毒	wēi shēng wù
bacterium	微生物	xì jūn
infection	細菌	gǎn rǎn

hospital	感染	yī yuàn
patient	醫院	bìng rén
diagnosis	病人	zhěn duàn
cure	診斷	zhì liáo
treatment	治療	zhì liáo
to get treatment	治療	jiē shòu zhì liáo
to treat	接受治療	zhì liáo
to nurse	治療	hù shi
care	護士	hù lǐ
operation, surgery	護理	shǒu shù 、 shǒu shù
to bandage	手術、手術	bēng dài
bandaging	繃帶	bāo zā
vaccination	包紮	yì miáo jiē zhòng
to vaccinate	疫苗 接種	jiē zhòng yì miáo
injection, shot	接種疫苗	zhù shè , zhù shè
to give an injection	注射，注射	zhù shè
attack	注射	gōng jī
amputation	攻擊	jié zhī
to amputate	截肢	jié zhī
coma	截肢	hūn mí
to be in a coma	昏迷	chǔ yú hūn mí zhuàng
intensive care	處於昏迷狀態	zhòng zhèng jiān hù
to recover	重症監護	huī fù
state	恢復	zhuàng tài
consciousness	狀態	yì shí
memory	意識	jì yì

tài

to extract	記憶	tí qǔ
filling	提取	tián chōng
to fill	填充	tián chōng
hypnosis	填充	cuī mián
to hypnotize	催眠	cuī mián

Medical specialties 催眠 yī liáo zhuān yè

doctor	醫療專業	yī shēng
nurse	醫生	hù shi
private physician	護士	sī rén yī shēng
dentist	私人醫生	yá yī
ophthalmologist	牙醫	yǎn kē yī shēng
general practitioner	眼科 醫生	quán kē yī shēng
surgeon	全科醫生	wài kē yī shēng
psychiatrist	外科 醫生	xīn lǐ yī shēng
paediatrician	心理醫生	ér kē yī shēng
psychologist	兒科醫生	xīn lǐ xué jiā
gynaecologist	心理學 家	fù kē yī shēng
cardiologist	婦科醫生	xīn zàng bìng

Medicines 心臟病 yào wù

medicine, drug	藥物	yào wù , yào wù
remedy	藥物, 藥物	bǔ jiù
to prescribe	補救	kāi chǔ fāng
prescription	開處方	chǔ fāng
tablet, pill	處方	piàn jì , yào wán

ointment	片劑, 藥丸	ruǎn gāo
ampoule	軟膏	ān bù
mixture	安瓿	hùn hé wù
syrup	混合物	táng jiāng
pill	糖漿	wán
powder	丸	fěn
bandage	粉	bēng dài
cotton wool	繃帶	mián huā
iodine	棉花	diǎn
plaster	碘	shí gāo
eyedropper	石膏	dī guǎn
thermometer	滴管	wēn dù jì
syringe	溫度計	zhù shè qì
wheelchair	注射器	lún yǐ
crutches	輪椅	guǎi zhàng
painkiller	拐杖	zhǐ tòng yào
laxative	止痛藥	xiè yào
spirit, ethanol	瀉藥	jīng shén, yǐ chún
medicinal herbs	*精神, 乙醇*	yào cái
herbal	藥材	cǎo yào

Smoking　草藥　xī yān

tobacco	吸煙	yān cǎo
cigarette	煙草	xiāng yān
cigar	香煙	xuě jiā
pipe	雪茄	guǎn

packet	管	bāo
matches	包	bǐ sài
matchbox	比賽	huǒ chái hé
lighter	火柴 盒	dǎ huǒ jī
ashtray	打火機	yān huī gāng
cigarette case	煙灰缸	xiāng yān hé
cigarette holder	香煙盒	xiāng yān zhī jià
filter	*香煙支架*	lǜ bō qì
to smoke	濾波器	xī yān
to light a cigarette	吸煙	diǎn rán xiāng yān
smoking	點燃香煙	xī yān
smoker	吸煙	xī yān zhě
cigarette end	吸煙者	xiāng yān duān
smoke	香煙端	yān
ash	煙	huī
	灰	